Merry Christmas

血型小將
ABO
③

RealCrazyMan◎著　　曹恩淑◎譯

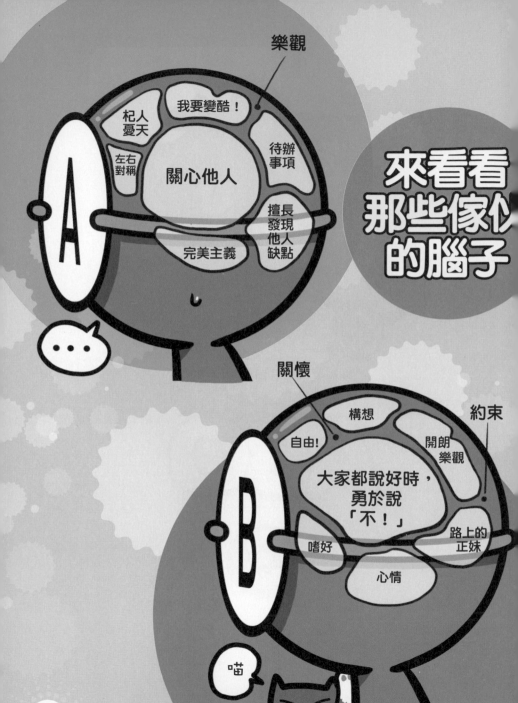

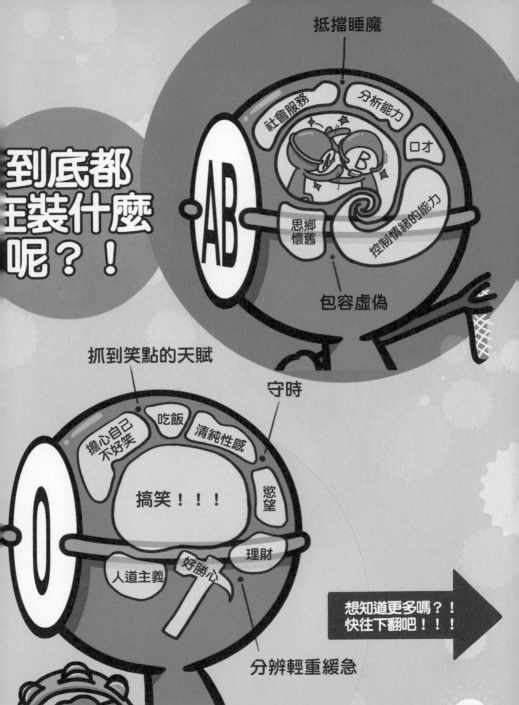

目次

Part 1 血型小將
私生活大揭密！

Part2 血型小將
男女大不同！

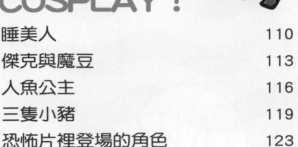

Part3 血型小將 COSPLAY！

Part4 哪個血型小將急著吃棉花糖！

Part **1**

Blood Types' Private Lives

血型小將 私生活 大揭密

① 在餐廳結帳

A型很細心，常自動幫大家算錢。

AB型在一旁默默看著，有人算錯時出聲提醒。

O型…只顧著吃。

B型往往得理不饒人。
可能因為太自我中心，沒想到別人的立場。

B型
看心情而定，只做想做的運動，隨性得很。

O型
嚮往很MAN的POWER路線，崇拜肌肉男！
但因為太貪心了，容易運動過度。

萬一B型和O型莫名奇妙ㄠ起來…就慘了！

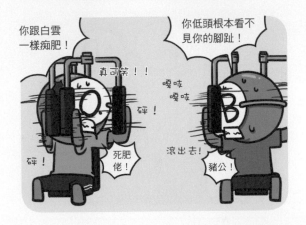

隔天早上醒來，兩人手臂都痛到生不如死。

AB型 講求乾淨俐落，不太喜歡濕濕黏黏的感覺，因此大部分都挑輕鬆的運動來做。

A型 喜歡遵守規則，會乖乖按教練指示練習，而且持久不懈。

③ 出國旅行

A型　雖然平常講求完美精準、生活規矩、
正經八百……

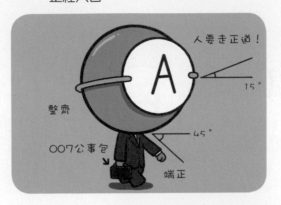

但內心深處，A型強烈地想脫離束縛，熱情
火焰熊熊燃燒。因此出國時會勇猛大變身！

O型在熟悉的地方，或跟要好的朋友在一起時，總是既有自信，又能領導大家。

不過一旦去到像國外這種陌生環境，會一反常態感到壓力很大。因為O型很怕生，也很需要歸屬感。

AB型比較喜歡一個人，也喜歡宅在家！

偶爾也會跟要好的朋友一起旅行，但如果一個人出遊，對總是想太多的AB型來說，GPS不可或缺～

智慧型手機

A型會使用最高級的手機套和保護膜，把手機呵護得無微不至，看起來就跟新的一樣。

分類達人！把App按照用途和目的歸類。

對O型來說，智慧型手機可以展現個人風格！

這可是最新款的智慧型手機！

你用過這個App嗎？超讚！

智慧型手機就是要玩這個！！

非常投入自己的智慧型手機和喜好的App，像信徒一般到處宣傳。

冷酷的AB型…

智慧型手機也不過就是手機。

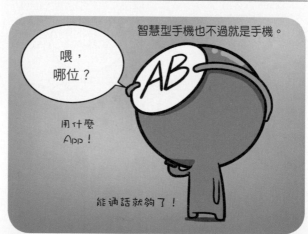

⑤ 在咖啡館

A型　因為追求穩定，堅持每次都喝同一種咖啡，覺得嘗試不同咖啡的風險是種負擔。

聊天總是竊竊私語，怕別人聽到。

B型　到處尋找美食，看心情每次換不同選擇，享受冒險，樂在其中。

如果好奇他人點的飲料是什麼味道，會毫不猶豫地自動拿過來喝。

O型　一坐下來就發揮領導能力，問大家要喝什麼，
　　　但自己總猶豫不決，隨著多數意見決定。

而且O型超級性情中人，一下為他人的事情哭，
一下笑，很忙……

不小心闖禍了

借朋友的手機看時，手一滑把通訊錄全刪了！
各個血型的反應會是如何呢？

A型 一瞬間的寂靜之後，A型開始全身發抖，不停自問怎麼
辦才好，心臟砰砰砰愈跳愈快，臉也紅到像關公一樣。

我真是不應該！！

哎…

嗚，我的媽呀…

死…死定了！怎麼辦！

怎麼會這樣？

他應該會大怒吧？

究竟按到什麼？

慘！！！

怎麼跟他交代？

哎唷

好希望時光倒流！

我按錯什麼了？

這不是真的！

請原諒我！

太對不起了！

我真該死！對不起你！

抱歉，真的很抱歉。

讓我彌補！

愧疚到連聲音都哭啞了。

B型 很簡潔的抱歉之後…

……迅速撇清。

AB型　精打細算的AB型，會先打破砂鍋問到底各種解決方案。

如果沒有解決方法，AB型就會自暴自棄，老實招來。

O型
面對突發狀況時，會過於慌張而開始亂掰。

但是瞞不了多久，馬上被拆穿。

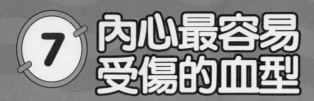

7 內心最容易受傷的血型

第四名 B型　因為對外在反應不敏感，能傷到他的事情也不多。偶爾在預料之外的情況下，心靈會受到重創。

第三名 AB型　因為對人性沒什麼期待，他的心不大會受到打擊。不過一旦被背叛，會在心底留下烙印。

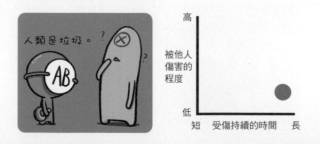

第二名 O型　一旦打開了心門，往往會太相信對方，所以會被傷得較重。但是感情上的問題可以很快忘記。

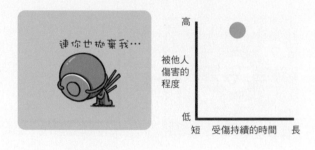

第一名 A型　總是為別人付出很多，也期待很高，因此受的傷最多最重。

血型小將的
代表顏色

如果用顏色來表示不同血型呢？

總是追求完美的A型是白色。像全白圖畫紙
一樣，不允許日常生活中有一絲差錯。

而且對大小事都能冷靜且理智看待，
也可說是冷冷的藍色。

我剛肚子痛，跑去廁所拉屎拉得很爽，

大便有夠粗大。根本不是拉屎而是生下便便男，哈！

活潑開朗的O型是橘色。隨時隨地都能妙語如珠出盡風頭。

是真的！！

真可惜你們沒看到

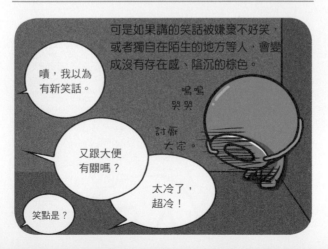

可是如果講的笑話被嫌棄不好笑，或者獨自在陌生的地方等人，會變成沒有存在感、陰沉的棕色。

嘖，我以為有新笑話。

又跟大便有關嗎？

太冷了，超冷！

笑點是？

嗚嗚哭哭

討厭大家。

9 血型小將 適合的飲食

根據日本某雜誌上刊登的內容，
不同血型也有各自適合的食物。

據說A型比較適合吃素。跟其他血型比起來，A型的腸胃比較敏感，可能跟太在意周圍環境的個性有關。吃雞肉和魚類等白肉比吃紅肉好。

B型的體質則比較適合牛奶、起司等奶製品。甲殼類要盡量少吃，因為不太能消化，也要離雞肉和麵粉類的食品遠一點。

和B型相反，O型不適
合牛奶、起司等奶製
品，但胃酸分泌得多，
容易消化肉類。
此外，最好少喝咖啡。

AB型要吃豆類的食品
比較好，豆腐是最佳的
選擇。對肉類和麵粉類
的消化還不錯，但會累
積脂肪，若想要減肥就
不能吃太多。

無論如何，吃得開心對身體最好！

※各類血型飲食的合適與否，還是因人而異噢。

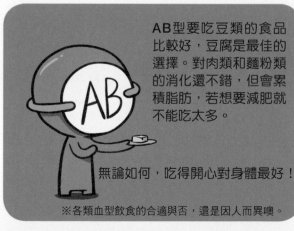

10 最容易衝動 購買的血型？

第四名 AB型　不管賺多少，都會有相反的反應。

> 還不錯，價錢也算合理。

即使剛領了一大筆額外的獎金，還是跟平常一樣理智消費。

但手頭拮据時，會有危機感，很慌張。

> 沒錢了，但想買的東西好多…

> 怎麼辦？怎麼辦？

慌張　　焦慮

煩惱

滿頭大汗

第三名 O型　有清楚的理財觀念，很多富翁都是O型。

不過，正因為都會把錢算得很清楚，偶爾會因特價而失心瘋，要小心。

第二名 A型　若是為公務花錢，相當理智周密，

但在個人消費上，有時會180度大轉變，衝動起來。

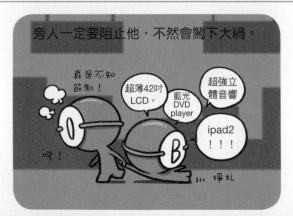

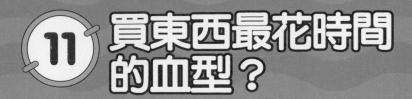

11 買東西最花時間的血型？

第四名 B型　決定的那一刻起，馬上開始行動。

在賣場逗留的時間，有極端化的傾向，
不是很長就很短。

第三名 A型
去賣場之前會
先做好規劃，
把要移動的距
離最小化。

攤開

嗯…

從路口150
公尺處…食品區
…左轉…20公
尺的距離…

呼

唰唰

完成！

第二名 AB型　就連去附近的超市也要打扮，
準備時間很長。

因為常常迷路，逗留的時間很長。

在營業時間內踏出門……

是很難的一件事。

12 買東西最精打細算的血型？

第四名 B型　因為很享受購物，所很難精打細算。

第二名 AB型　不會隨便花錢，但…真的需要的東西也不買。

第三名 O型　因為很會算，總是為了買得更便宜而
　　　　　　努力。

第一名 A型　去超市之前，先列出待買清單，完全按照計劃購買。

蔥1把、菠菜1把、牛奶、鮪魚、番茄醬

只買這些！

結帳時會很仔細確認優惠是否有折抵。

變態！

我餓了！

優惠券和會員卡！

刷卡優惠！

能省則省，才會有錢。

13 哪種血型買東西最低能？

第四名 A型　大致上很順利沒有問題。

第三名 B型　雖然算是容易找到東西，

但不一定買對。

第二名 O型　因為個性太粗心，常常東西就在眼前也找不到。

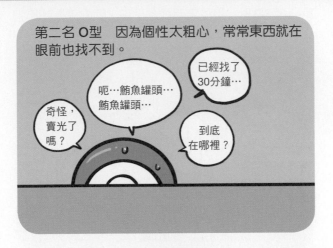

第一名 AB型　別說東西找到了沒，還常常在超市裡迷路。

捐血

管他怎麼掰！總之
2004年以來，A型
的捐血比例是37%，
四個血型中第一！

狠毒的傢伙！！
連捐血也是第一
名！！

輸了！！

不甘心⋯⋯

喂，喂！

到底這兩傢
在胡說什麼。

哼

號外號外！！
A型最熱血

* 血型數據是以韓國人口統計的。

Part 2

Blood Types' Relationships

血型小將
男女大不同

女友送錯衣服

女朋友想要測試男朋友，故意送他size比較小的衣服。血型小將會有什麼不同反應呢？

A型 因為不想讓女朋友失望，會裝沒事咬牙穿給她看。

…很合身。謝…謝你，親愛的。

真的？♥

但他晚上會失眠一整夜，不斷胡思亂想。

這是什麼意思？她想要暗示我最近胖了嗎？

她討厭我了嗎？

是什麼意思？

O型　一開始試圖嘻嘻哈哈轉移話題，

後來卻說了實話。

AB型

他嚴厲到讓女朋友當場如坐針氈。

16 鄉民的A片祕密

A型 設定密碼是基本功夫。還繞道好幾個路徑，隱藏在別人絕對找不到的地方。

1,309個項目

207個檔案 8個資料夾

類型：	動畫影片檔
開啟檔案：	Gomplayer
位置：	Windows
大小：	82.339

☑ 隱藏

將更改檔案名稱的創意發揮到極致。

 爵士吉他教到會全集.txt　　300MB

 熔化掉魔戒的鍋爐修理工.txt　162MB

 適合秋天的美聲精選.txt　　72MB

 美女講師的1對1多益教學.txt　62MB

B型　想看就看！隨時都能享受看A片的樂趣。

但因為不太在乎A片的保管問題，
常常把自己搞得很狼狽。

O型　忠於本能的O型，對A片這門學問很有
　　興趣。在朋友間可是神人等級的大師。

將自己研究的A片學問，視為社會貢獻。

17 宅男一個人的聖誕節

A型　明明沒有伴一起過聖誕節，又因為太在意別人眼光而假裝坦然，甚至還會假裝有約。

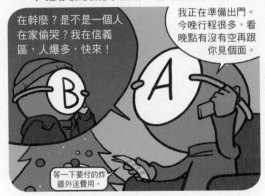

在幹麼？是不是一個人在家偷哭？我在信義區，人爆多，快來！

我正在準備出門。今晚行程很多，看晚點有沒有空再跟你見個面。

B

A

等一下要付的炸雞外送費用。

明明就每年都一個人在家看重播的《小鬼當家》，也老是一個人裝飾聖誕樹，一個人叫炸雞外送……
（外送大叔，炸雞的錢我放在門口～）

這小鬼怎麼都不會老！

炸雞果然還是辣味最好吃。

悽涼的背影

B型　不容易受到外在環境影響，一個人也過得很HIGH。就算四周都是甜蜜蜜的情侶，也毫不在意。

去每個景點都會自拍，還即時po上臉書，讓大家知道他一個人也過得很好。

O型　一個月前就開始事先準備，打著去死團友情第一的稱號，召集可以一起玩樂的寂寞單身族。

特有的口才和開朗的個性，讓他努力帶動全場氣氛。

AB型　特立獨行、不跟隨潮流，也不為世俗小事
麻煩自己的AB型，從23日晚上開始睡，

睡到26日早上起床。

18 望眼欲穿的 AB型特別篇

大家期待已久的AB型
特別篇終於要登場！

AB

還在鬼扯（囉唆）
血型？很遜耶！
呿！

AB

AB型特別篇登場的主角是——AB型姐妹。

19 A型男＋B型女1

雖然這世界上的情侶有千百種血型組合。

但B型女配A型男的情侶，包括我的父母，
常常帶給我豐富的靈感。

聽聽看跟B型女結婚的A型男的抱怨：新婚初期因為B型太太說話太直，內心常受到重傷。

為了往後的婚姻生活著想，A型男小心翼翼地開口。

B型女接下來的反應。

再來A型男的反應。

A型總是替他人著想，
而B型會把自己的心情坦率講出來。
希望這世界上所有跟B型女結婚的
A型老公都能撐著點，
加油！我爸也加油！！

耳朵癢癢

有人在說我嗎…

20 上述夫婦的結婚內幕

老婆，我想跟你說～講話的時候呀，盡量委婉一點、好聽一點嘛，免得傷到對方。

我一直都這樣對你。

我覺得人跟人之間要互相體諒，不要傷害到人家的感受是很重要的。

對吧？

兩個人其實是相親認識的。
見過幾次面後，
A型男提議正式交往…

希望我們可以正式交往。

第二天大清早。

打起精神之後才發現人已經在結婚會場。聽說很多A型男配B型女的情侶都是這樣結的婚…信不信由你～

既感性（情緒化）
又隨性的B型就像是
「火」。

理性的A型則像是「水。」

噗噗

…

解燃眉之急後…

往往……

還有你。

嗯？

火苗波及到無辜的老公。

當我被欺負
在跟對方討公
道時，你在旁邊
怎麼不會幫忙？
你到底站在誰
那邊！

為什麼…
生我的氣…

B型太太：我狠狠罵他幾句，
　　　　　那個混球就低頭逃跑了！
太太的B型弟弟：你那麼簡單就放過他了？
　　　　　　　　應該好好整他一頓！如果是我，
　　　　　　　　一定要他哭著道歉！
B型太太：你才是男子漢！

每個人心中的男子氣概都不一樣。
像我就受到A型爸爸和A型哥哥的影響，
所以我心目中的男子漢是慎重、寡言。
有人也持同樣看法，但也有人不認同。

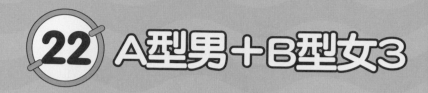

22 A型男＋B型女3

關於B型講話太直接，讓別人內心受到重傷…

…

我們家的狀況也
差不多

不過，爸爸的應付能力也很高強。

呼呼　　　　　　　　目瞪口呆

其中最厲害的必殺技是…

一個耳朵進一個耳朵出～～～
完全當成耳邊風～～～

23 A型爸爸

這是我爸。

我們曾經搬過好幾次家。

每次媽媽又說要搬家，爸爸就開始演出極力反對的戲碼。

我們搬家吧，趁房租漲價之前。

啊？

現在又怎麼了！

等真的搬進來後，最了解新家的卻是我爸。

這位是我的A型哥哥。

我家每次要買新東西時，
爸爸從來沒有欣然贊成過。

一旦真的買下來後，爸爸又是全家人裡面最認真研究的。

咕

他該不會在背說明書。

色彩棒、聲音好，也有預設錄影功能！

讚讚讚

好好用。

這傢伙也是A型

真不懂這些人為什麼用完都不拔插頭？！

…哥哥也一個樣。

A型家人最擅長確認有沒有鎖好門&拔掉插頭！

聽說比起其他血型，A型對新的環境變化會感受到很大的壓力，追求穩定的傾向也比較強。

5分鐘後……

以自我為中心的B型…缺點就是不擅長照顧人。

25 B型 2% 不足的後記

26 不說第二次 抱歉的B型女

我的媽啊！！
你可不可以不要
再道歉了！！

那個…剛才
我真的…

爆炸！

但如果是B型
女做錯事…

啊！！你到底要我
說幾次對不起！！
我偏不說！！絕不
道第二次歉！！

你剛才
為什麼…

原來人總是期待對方能跟自己一樣。

Part **3**

Blood Types in Cosplay

血型小將 COSPLAY

27 睡美人

在森林裡的城堡中，有一位美麗的公主沉睡著。

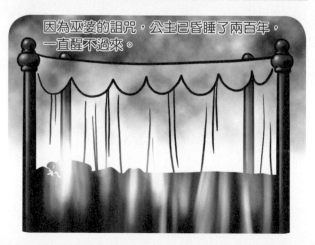

因為巫婆的詛咒，公主已昏睡了兩百年，一直醒不過來。

有一天，一位英勇的王子出現，打敗惡龍。

終於來到睡美人床前，可是……

28 傑克與魔豆

因為O型有非常良好的理財觀念，
不可能同意不合常理的交易。

竟然要我
用牛交換
豌豆！

笑到
肚子痛。

在地上滾

B型自由奔放，相反的A型超級守規矩。

殺無赦！！！

天真的人魚公主愛上了人類的王子……

為了換得人類的兩條腿，人魚公主跟海巫婆交易。

A型一旦陷入熱戀，就會付
出自己所有，比較符合童
話裡的人魚公主。

這點痛
不算什麼！
（咬牙）

我終於可以跟
王子一起跳舞…

若是自我中心的B型，
一定叫巫婆把王子變身
為人魚。

魚腥味
好重…

猴嗨森啊！！

如果是現實的O型，絕不會同意要犧牲自己
的這種盲目交易。

AB型則因為有追求精神層面的傾向，不一
定要在一起。

30 三隻小豬

有一天，在田野隨性打地舖的**B**型小豬，
遇到了大野狼。

B型小豬為了躲避大野狼，一路逃到O型的家。

最後三隻小豬一起逃到AB型小豬的迷宮裡

據說四隻小豬和
一隻大野狼從此
之後都迷了路…

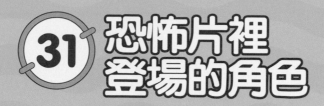 恐怖片裡登場的角色

電影一開始是常常脫離隊伍的B型……

功用是讓觀眾知道殺人兇手的存在，然後就被殺死。

因為O型的生存本能很強，為了活下去
會比任何人都更努力掙扎。

但為了劇情能有更驚人的轉折，只好被
以五花八門的手法殺死。

A型的女角色，雖然在電影一開始顯得
既膽小又軟弱……

到了後半段，愈來愈發揮出A型特有的
沉著，終於除掉殺人兇手。

接近尾聲的時候，AB型會以什麼都
不知道的樣子忽然出現，暗示電影
將有續集……

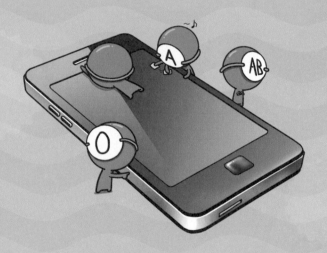

Part **4**

Blood Types with Cotton Candy

哪個血型
小將急著
吃棉花糖

32 棉花糖

如果給四個血型小將一樣多的棉花糖，
誰會最快吃掉？

A型　因為有未雨綢繆的習慣，會留下一些。

明天沈佳宜要來家裡玩…

B型　因為只活在當下，一拿到就吃光。

嗝～

O型　因為節省，有保管的傾向。

我要先放著，之後再吃。

…

到底放哪裡去了呢…

但是又很粗心，往往忘記藏在哪裡。

AB型 因為慈悲為懷的個性，會讓給他人。

33 棉花糖故事 A型後記

A型 因為有未雨綢繆的習慣，會留下一些。

沈佳宜…

研究對像 老爸

關係：媽媽的仇人（？）

血型：A型

個性：嚴謹、勤儉節約、
　　　多愁善感

咳咳

Ａ：「我都還沒讀完……」
Ｂ：「你鬧夠了沒有?!」

汗　糗

34 棉花糖故事 B型後記

B型　因為只活在當下，一拿到就吃光。

嗝～

B型對人生的態度，跟其他血型很不一樣。

研究對象　老媽

年紀：60＋
血型：B型
個性：B型女生
關係：我爸的老婆

咳咳

這些蘋果有好有壞，我們得一天吃一個。

好吃的蘋果 ——➤ 難吃的蘋果　　好吃的蘋果 ——➤ 難吃的蘋果

第一天　媽媽從最好吃的蘋果開始吃，我則從最
　　　　難吃的開始。

第二天

第三天

媽媽跟我吃的順序相反，我是為了最後吃最好吃的蘋果，才先吃掉難吃的。

咦？

你都挑最難吃的蘋果先吃，
變成你每天都在吃最難吃的蘋果。
換句話說，我每天都吃到最好吃的蘋果。

因為媽媽
很辛苦。

喔～

第四天

這個人每天吃
好吃的蘋果

這個人每天吃
難吃的蘋果

壞掉了…

嗯

真羨慕可以把眼前的棉花糖
開開心心吃掉的B型～好幸福！

35 棉花糖故事 O型後記

還有你藏在冰箱角落的高級起司蛋糕，此時此刻也正在發霉中……

你以後還會浪費很多食物。所以要懂得跟別人一起分享。

是。

抖抖抖

聽說很多有錢人都是O型。

節省確實很重要，但不能把節省這件事情當成目的。

這樣他應該有聽進去吧？

你趕快下來。

AB
B

拎北脊椎第7節的椎間盤快要斷掉。

36 棉花糖故事 AB型後記

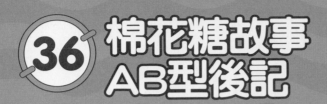

AB型　因為慈悲為懷的個性，會讓給他人。

一旦讓AB型受傷，會被記恨一輩子。

後記

把漫畫po在網路上已經7年了。

去年初接受熟人的建議，
也在另一個入口網站的挑戰漫畫欄連載。

挑戰
漫畫？

？

最佳
挑戰？

那是什麼？

因為網友可以完全匿名回應，我很難適應這點。
竟然有人可以對不認識的人，講得這麼難聽⋯

不知不覺過了1年，就連最佳挑戰，
也可以順利連載了。

友善的回應也比較多，
但我覺得只是因為題材好聊的關係，
沒別的理由。

得了重感冒的2週後，以一種發牢騷的心態update了漫畫。
結果瞬間有一千多個鼓勵和打氣的留言po上來⋯

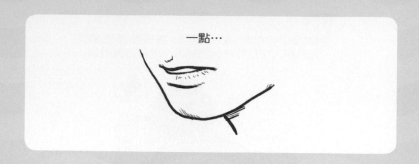

一點…

有一點…

感動。

謝 謝 大 家～

來寫（畫）下你的血型ABO筆記吧～

FA0342

作　者
RealCrazyMan（朴東宣）

譯　者
曹恩淑

責任編輯	賴佳筠	文稿潤校	趙小虎
美術設計	溫國群	發 行 人	趙政岷
內文排版	黃雅藍		
執行企劃	艾青荷		
校　對	賴佳筠		
	賴郁婷		

出版者　時報文化出版企業股份有限公司
10803台北市和平西路三段二四〇號四樓
客服專線　（〇二）二三〇六一六八四二
讀者服務專線　〇八〇〇一二三一一七〇五
　　　　　　　（〇二）二三〇四一七一〇三
讀者服務傳真　（〇二）二三〇四一六八五八
郵撥　一九三四四七二四時報文化出版公司

信箱　臺北郵政七九一九九信箱
時報悅讀網　http://www.readingtimes.com.tw
電子郵件信箱　ctliving@readingtimes.com.tw
理律法律事務所　陳長文律師、李念租律師
印刷　和楹印刷有限公司
初版一刷　二〇一一年十二月三十日
初版十五刷　二〇一八年六月十三日
定價　新台幣一九九元

時報文化出版公司成立於一九七五年，
並於一九九九年股票上櫃公開發行，於二〇〇八年脫離中時集團
非屬旺中，以「尊重智慧與創意的文化事業」為信念。
ISBN 978-957-13-5479-8
Printed in Taiwan

血型小將ABO 3 / 朴東宣著；曹恩淑譯. -- 初版.
-- 臺北市：時報文化, 2011.12
　　面；　公分
ISBN 978-957-13-5479-8(平裝)

1.血型　2.漫畫

293.6　　　　　　　　　　100024275